AF232825

DISCOURS

PRONONCÉ PAR

M. CH. VERGER

SUR LA TOMBE DE

M. A. TURGIS

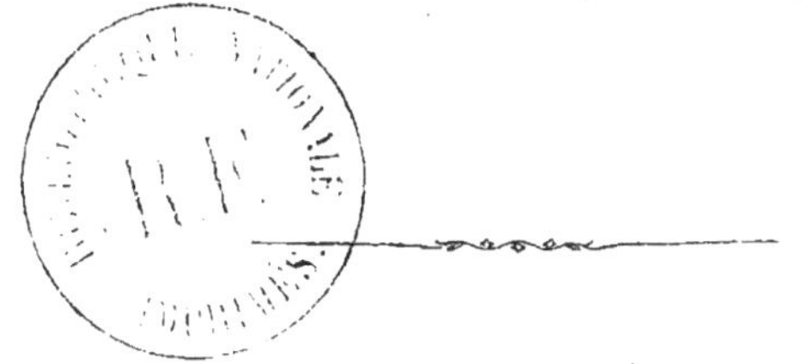

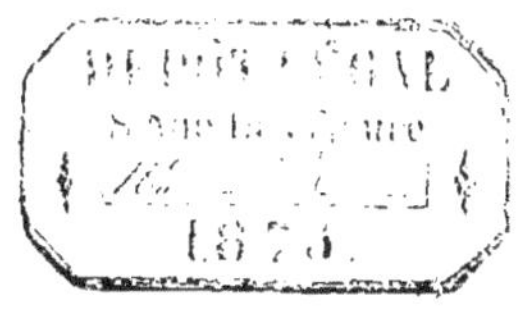

ROUEN

IMPRIMERIE E. CAGNIARD

Rues Jeanne-d'Arc, 88, et des Basnage, 5.

1875.

A LA MÉMOIRE DE

M. A. TURGIS

SON AMI

CH. VERGER.

Messieurs,

Les hommes vraiment utiles à la société sont ceux, qui, fortement pénétrés d'une idée, apportent à sa réalisation toutes les forces vives de leur intelligence, et font converger vers la solution d'un problème unique toute leur activité morale.

Quand à l'esprit de persévérance vient se joindre une réflexion qui ne se laisse séduire ni par les écarts d'une imagination trop vive, ni par les apparences séduisantes de vaines utopies, on dit alors que ce sont des hommes pratiques.

Permettez-moi d'esquisser rapidement la

vie de celui auquel nous rendons les derniers devoirs, et qui, selon moi, a réuni ce double caractère d'être à la fois un chercheur infatigable, et un esprit méthodique et heureusement équilibré.

M. Antoine-Auguste Turgis naquit à Darnétal en 1806, d'une famille de commerçants honorables. Les exemples de ses devanciers, les alliances de ses parents, le milieu dans lequel s'écoula son enfance, tout le prédestinait à prendre rang dans l'industrie.

Au moment où commençait pour lui la vie sérieuse, la chimie était encore pour ainsi dire à l'état rudimentaire. Fourcroy était déjà descendu dans la tombe depuis quelques années, Berthollet, dans ses éléments de l'art de la teinture, avait ouvert des horizons nouveaux ; Vauquelin se faisait le promoteur ardent de l'analyse chimique rigoureuse ; on marchait de découverte en découverte.

Ce fut à cette époque solennelle, vers 1823, que le jeune Turgis entra comme chimiste dans la maison de ses oncles paternels, manufacturiers à Darnétal.

Il y resta jusqu'au moment où par la retraite de ses chefs, il se vit forcé de venir à Elbeuf. Quelques années plus tard, il s'alliait à une des familles les plus honorables de notre ville, et cette alliance eut pour résultat de l'amener très-peu de temps après, à devenir notre concitoyen.

Ici, Messieurs, permettez-moi de le dire hautement, M. Turgis, dans cette industrie de la tannerie, que tant de gens considèrent comme fatalement vouée à la routine et incapable de perfectionnement, M. Turgis a été un novateur prudent.

Je ne crains pas d'être taxé de témérité

en affirmant qu'il n'y a pas un agent propre
à la tannerie qu'il n'ait analysé, et dont il
n'ait tenté de faire une application facile et
pratique.

Sans se laisser abattre par les difficultés
inséparables d'un premier début ni se laisser
éblouir par d'heureux succès, il marchait
lentement mais sûrement dans des voies
nouvelles. Bientôt l'expérience venant se-
conder les données théoriques fournies par
une connaissance sérieuse de la chimie, il
prit rang parmi les fabricants les plus avan-
tageusement connus de notre place ; et si la
belle aisance qui a été le fruit de ses travaux
a pu parmi ses confrères soulever parfois
un sentiment d'envie, tous sont unanimes à
proclamer la parfaite honorabilité de leur
heureux rival.

Arrivé à l'âge du repos, entouré de l'affec-
tion des siens, heureux des bienfaits qu'il

répandait autour de lui, M. Turgis semblait pouvoir compter sur un certain nombre d'années de bonheur ; Dieu en a jugé autrement. Inclinons-nous sous la main du tout-puissant.

Je n'ai pas à vous dire, Messieurs, pourquoi je ne vous parle pas de l'ancien maire, de l'ancien conseiller d'arrondissement. Chacun de vous comprend quelle réserve m'imposent des événements encore trop récents pour pouvoir être jugés avec une entière impartialité par tous, et surtout par moi, son collaborateur au conseil municipal, son confrère en industrie, son voisin, et plus que tout cela...., son ami et son confident.

A mes yeux, Messieurs, le plus grand honneur que puisse recevoir un commerçant, c'est celui d'être appelé par ses pairs à être l'arbitre de leurs intérêts.

Cet honneur n'a pas manqué à notre concitoyen, qui, sans l'avoir jamais sollicité, a parcouru la hiérarchie des dignités consulaires, et porté à deux reprises la simarre de président du tribunal de commerce.

Là, comme dans toute sa vie publique ou privée, M. Turgis s'est montré réservé dans ses appréciations, heureux d'arriver à une transaction ; l'homme doux et conciliant par nature perçait dans les jugements du magistrat.

Le chrétien emporte avec lui cette consolante espérance, que de ce monde inconnu, qui pour lui s'appelle le ciel, il pourra encore bénir et protéger ceux qu'il a aimés sur la terre. Cette pensée a adouci les derniers moments de celui que nous pleurons. Il savait que si la loi fatale de l'humanité le forçait à se séparer de ceux qu'il chérissait, et dont il était si tendrement aimé, il laissait un héritier digne de lui. Son fils saura comprendre que lui aussi aura à rendre compte un jour du nom qui lui est confié, et dans la douleur qui l'accable, il se souviendra que nous sommes de ceux qui disent à leurs morts bien-aimés, non pas : Adieu pour toujours! mais simplement : Au revoir !

12 août 1875.

Rouen. — Imprimerie de E. Cagniard.

www.ingramcontent.com/pod-product-compliance
Lightning Source LLC
LaVergne TN
LVHW010241060726
842519LV00014B/1962